GÖRLITZ

Niederschlesische Stadt
an der Neiße

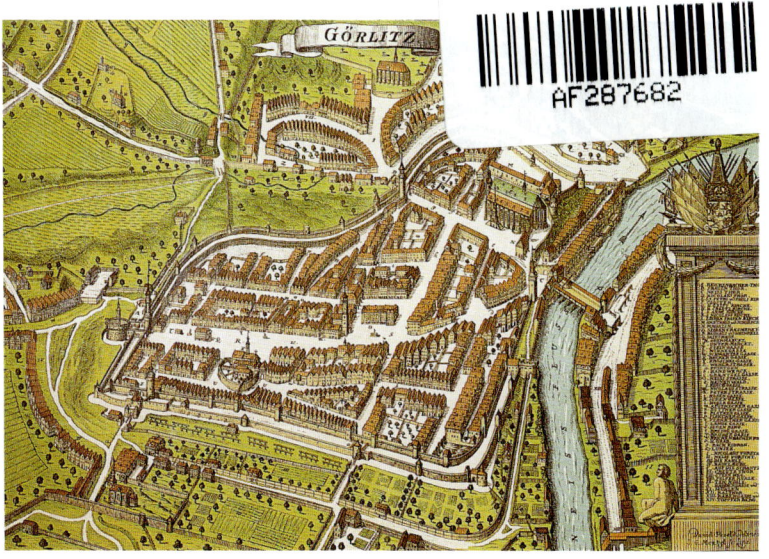

Bildführer mit 115 Farbbildern durch die historische Innenstadt
und mit Ausflügen in die Umgebung

Text: Renate Peter, Bautzen

B&V
VERLAG GMBH

Görlitz, das Zentrum der niederschlesischen Oberlausitz, zählt mit seinen zahlreichen historisch und baukünstlerisch bedeutenden Denkmalen zu den interessantesten Städten Sachsens.

Straßen und Gassen, harmonisch gesäumt von Bauten unterschiedlicher Epochen, berichten von einer bewegten Geschichte und offenbaren noch heute einiges vom bunten Treiben auf Handelsplätzen und Lebensweise unserer Vorfahren. Nur selten findet man Städte mit solch umfangreichem Altstadtkern, so wird ein Besuch in Sachsens östlichster Stadt wahrlich zum Ausflug in die Vergangenheit.

Die Stadtgeschichte begann vor mehr als neunhundert Jahren; das sorbische Dorf Gorelic wurde 1071 erstmals in einer Urkunde Heinrichs IV. erwähnt. Die Lage am Schnittpunkt zweier bedeutender Handelsstraßen, der Ost und West verbindenden Hohen Straße und einer Nord-Süd-Verbindung, begünstigte die Entwicklung des Ortes. 1220 gründeten Kolonisten aus Franken, Thüringen und der Mark Meißen hier eine Siedlung, die dank der Förderung durch den böhmischen König rasch wuchs. Schon 1303 bekam Görlitz das Stadtrecht verliehen. Wenig später erhielt Görlitz das städtische Münzrecht, das Zollfreiheitsvorrecht und die Stapelrechte für Salz und Waid, das damals gebräuchliche Blaufärbemittel für Tuche. Bald besaß Görlitz auch die Privilegien des Tuchgroßhandels und des Bierbrauens.

Nachdem Ruhe und Ordnung auf den Handelsstraßen zunehmend durch den räuberischen Landadel gestört wurden, schufen sich Kaufleute und Räte von Görlitz, Bautzen, Löbau, Zittau, Kamenz und Lauban (Luban) mit Gründung des Lausitzer Sechsstädtebundes im Jahr 1346 ein wirksames Machtinstrument dagegen, das vom böhmischen König und späteren Kaiser Karl IV. mit weitreichenden Vollmachten ausgestattet wurde. Das konsequente Zusammenwirken war von Erfolg und gereichte den Städten zu Ansehen und Wohlstand. Der Handel mit Tuchen und anderen Erzeugnissen blühte wieder auf, die Händler gelangten zu außergewöhnlichem Reichtum, wovon die Häuser rund um Unter- und Obermarkt trotz ihres Alters und notwendiger Sanierung bis heute Zeugnis ablegen. Anfangs sahen auch die böhmischen Landesherren diese Entwicklung mit Genugtuung. Nachdem das Bündnis stark geworden war und sich anmaßte, mit abgestimmter Politik gegenüber der Obrigkeit aufzutreten und die bestehenden Verpflichtungen nicht ausreichend zu erfüllen, änderte sich deren Haltung. Im Jahr 1547 nahm der böhmische König Ferdinand I.

die unzureichende Unterstützung durch die sechs Städte im Schmalkaldischen Krieg zum Anlass, ein Strafgericht zu halten, das als Pönfall in die Geschichte einging. Sie verloren den größten Teil ihres Besitzes und hatten darüber hinaus hohe Strafsummen zu zahlen. Ein schwerer Schlag, von dem sich die sechs Mitglieder des Bundes nur schwer erholten. Erst nach Jahrzehnten schafften es die größeren Städte, ihre einstigen Privilegien zurückzuerlangen.

Der Sechsstädtebund bestand bis 1815, damals fielen Görlitz und Lauban im Ergebnis des Wiener Kongresses an Preußen. In jüngerer Zeit trafen sich Vertreter des einstigen Bündnisses und beschlossen, ihr Zusammenwirken nach altem Vorbild künftig wieder enger zu gestalten. Möglichkeiten für die Tätigkeit des alten Sechsstädtebundes lassen sich in erster Linie auf wirtschaftlichem, touristischem und sportlichem Gebiet erschließen.

Der bedeutende Görlitzer Theosoph Jacob Böhme (1575–1624)

Den auferlegten Zwängen zum Trotz verliefen Wirtschaftswachstum und Stadtentwicklung weiterhin erfolgreich. Görlitz wurde zur größten und bedeutendsten Stadt der Region. Besonders die Tuchproduktion entwickelte sich so stark, dass schon im 16. Jahrhundert kleine Manufakturen entstanden, die in frühkapitalistischen Formen produzierten.

Nach dem Dreißigjährigen Krieg, der schwerwiegende Belastungen für die Stadt nach sich zog, bedingte die Leinwanderzeugung wiederum einen Aufschwung, der sich architektonisch an zahlreichen barocken Bauten widerspiegelt.

Als Görlitz nach den Festlegungen des Wiener Kongresses zu Preußen gekommen und Teil der Provinz Niederschlesien geworden war, setzte um 1830 ein industrielles Wachstum ein, das zugleich die städtische Entwicklung enorm voranbrachte. Damals eröffnete Christoph Lüders eine Wagenbauanstalt, deren Erzeugnisse die Tradition des Görlitzer Waggon- und Maschinenbaus begründeten. Schienenfahrzeuge und Turbinen aus Görlitz sind bis in die Gegenwart gefragte Produkte.

Blick vom Rathausturm in westliche Richtung. Die Dreifaltig-
keitskirche (im Vordergrund links) prägt das Bild des Obermarktes,

der sich bis zum Reichenbacher Turm (rechts) erstreckt. Links im Hintergrund die 420 Meter hohe Landeskrone

Der Anschluss an das Eisenbahnnetz 1847 erschloss den Görlitzern neue Perspektiven und war Grundlage für die Entwicklung eines wichtigen Verkehrsknotenpunktes.

Der damaligen Bevölkerungsentwicklung Rechnung tragend, setzte eine rege Bautätigkeit ein, deren Ergebnisse sich mit dem Gründerzeit- und Jugendstilviertel – darunter die Straßburg-Passage – sehen lassen können. Die Stadt dehnte sich jenseits der Neiße in östlicher Richtung aus und zählte um 1900 die stattliche Zahl von 81.000 Einwohnern. Anfang des 20. Jahrhunderts zählte Görlitz zu den reichsten deutschen Städten.

Das Ende des Zweiten Weltkrieges brachte für Görlitz im wahrsten Sinne des Wortes einschneidende Veränderungen. Die Neiße wurde zum Grenzfluss und teilte die Stadt in das deutsche Görlitz und das polnische Zgorzelec. Seither bestehen zwar zwei Städte nebeneinander, aber ihre Bewohner und deren Stadtväter sind bemüht, wichtige Fragen gemeinsam zu beraten und die Trennung in der Praxis des Alltags zu überwinden.

Die Kreisstadt Görlitz mit etwa 57.500 Einwohnern empfiehlt sich nicht nur als Standort von Industrie, Behörden und Bildungseinrichtungen. Sie bietet mit ihrer Vielfalt an Baudenkmälern, gastronomischen und Beherbergungsbetrieben Touristen ebenso gute Bedingungen wie Veranstaltern von Kongressen, Tagungen, Kultur- und Sportveranstaltungen. Eine große Zahl von Grün- und Parkanlagen lädt zu Spaziergängen ein, und für Ausflüge ins Umland mit Naturdenkmalen und Sehenswürdigkeiten in großer Zahl ist Görlitz ohnehin ein idealer Ausgangspunkt. Görlitz kann dank seiner verkehrsgünstigen Lage aus allen Richtungen, ob über Autobahn, Schienennetz oder per Flugzeug, gut erreicht werden. Als wichtigste Verbindungen seien die Autobahn A4, die Bundesstraßen 6, 99 und 115 sowie die Bahnlinien Dresden – Görlitz und Berlin – Görlitz erwähnt. In der Innenstadt bestehen Parkmöglichkeiten an Obermarkt, Klosterplatz, Elisabethstraße und Jacob-Böhme-Straße. Reisebusse können am Demianiplatz gegenüber des Reichenbacher Turmes parken.

Nicht unerwähnt sollte übrigens bleiben, dass Görlitz als Ort auf dem 15. Grad östlicher Länge, der nahe der Stadthalle verläuft, eine weitere Besonderheit aufweist. Dieser Meridian bestimmt die Mitteleuropäische Zeitangabe. Auf diese Weise hat hierzulande wohl ein jeder durch den obligatorischen Blick zur Uhr mehrmals am Tage, wenn auch unbewusst, mit der bewundernswerten Stadt an der Neiße zu tun.

Jakob-Böhme-Denkmal
im Park des Friedens

6

Zeittafel zur Görlitzer Geschichte

1071 Erste urkundliche Erwähnung als Gorelic
(Dorf nördlich von Unter- und Obermarkt, in der Gegend
der um 1100 begründeten Nikolaikirche)

1076 Übergang der Lausitz als Lehen vom Bistum Meißen an Böhmen

1131 Errichtung einer Burg »Yzhorelic« oberhalb der Neiße
durch den böhmischen Herzog Sobieslaus

um 1220 Entstehung des östlichen Teils der Altstadt

1234 Gründung des Franziskanerklosters am Obermarkt

Mitte 13. Jh. planmäßige Erweiterung in westlicher Richtung,
Anlage des Obermarktes

Ende 13. Jh. Errichtung der starken Stadtbefestigung (Doppelmauer
mit zahlreichen Mauertürmen und Wiekhäusern), zwischen
1838 und 1848 weitestgehend abgetragen

1303 Verleihung des Stadtrechtes

1329 Privileg der Zollfreiheit in allen Ländern der böhmischen
Krone

1330 Verleihung des städtischen Münzrechts

1339 Verleihung des Stapelrechts für Waid und Salz

1346 Gründung des Lausitzer Sechsstädtebundes, zunächst als
Schutz- und Trutzbündnis gegen den räuberischen Landadel

14./15. Jh. Wirtschaftliche Blüte, vor allem durch Handel mit Waid und
Tuchen; Görlitz zählte bereits achttausend Einwohner

16. Jh. Gründung zahlreicher Werkstätten, Übergang zur Groß-
produktion, es entstanden kleine Manufakturen mit einer
starken Tuchproduktion, Görlitz wurde zu einer der größten
und mächtigsten Städte zwischen Erfurt, Leipzig und Breslau

1525 Geistliche der Oberlausitz entschieden sich für die lutherische
Reformation, die damit offiziell in Görlitz Einzug hielt;
im gleichen Jahr verheerender Stadtbrand

1526 Errichtung des »Schönhof«, heute ältester profaner
Renaissancebau Deutschlands

1527 Dritter Aufstand der Görlitzer Tuchmacher

1546–1547 Schmalkaldischer Krieg

1547	Im sogenannten Pönfall verloren die sechs Städte des Oberlausitzer Bundes alle ihre Privilegien an den Kaiser; äußerer Anlass war die Verweigerung von Hilfe im Schmalkaldischen Krieg
1618 – 1648	Dreißigjähriger Krieg
1633	Görlitz von kaiserlichen Truppen unter Wallenstein beschossen und erstürmt
1635	Ober- und Niederlausitz und damit auch Görlitz kamen im Ergebnis des Prager Friedens endgültig von der böhmischen Krone zu Kursachsen
1642, 1691, 1717, 1726	Görlitz wiederum durch Stadtbrände verwüstet
1697	Errichtung des Postwesens in der Oberlausitz
1779	Gründung der Oberlausitzischen Gesellschaft der Wissenschaften zu Görlitz
1815	Im Ergebnis des Wiener Abkommens kam Görlitz zu Preußen und wurde Teil der Provinz Niederschlesien
1830	Eröffnung der Wagenbauanstalt durch Christoph Lüders
1840	Beginn wirtschaftlichen Aufschwungs und Entwicklung zur Industriestadt, mittelalterliche Stadtbefestigung weitestgehend abgerissen
1844	Görlitz wurde Großstadt, Gottlob Ludwig Demiani zum ersten Oberbürgermeister von Görlitz ernannt
1847	Anschluss an das Eisenbahnnetz, Einweihung des Görlitzer Bahnhofs
1900	Enormes Wachstum, Görlitz zählte 81.000 Einwohner (gegenüber 30.000 im Jahr 1860)
1939 – 1945	Zweiter Weltkrieg
1945	Ende des Zweiten Weltkrieges, Teilung der Stadt in Görlitz und den polnischen Teil Zgorzelec; Lausitzer Neiße wurde zum Grenzfluss zwischen Deutschland und Polen; deutsche Truppen sprengten alle Neißebrücken, die Stadt blieb weitestgehend von Zerstörungen verschont
6. Juli 1950	Unterzeichnung des Grenzabkommens mit Polen in Zgorzelec
1991	Aufnahme der Stadt Görlitz in die Arbeitsgemeinschaft historischer Städte; Görlitz wurde Modellstadt der Altstadtsanierung

Ansicht der Stadt Görlitz von Osten, Hogenberg Franz, 1575

1996	925-Jahr-Feier der Stadt Görlitz
1997	Auszeichnung mit der Europa-Medaille für die Förderung des Europagedankens
2004	Fußgängerbrücke über die Neiße; Bewerbung von Görlitz als Kulturhauptstadt Europas 2010

2011	Veranstaltungsort der 3. Sächsischen Landesausstellung »via regia – 800 Jahre Bewegung und Begegnung«
2012	Bewerbung der Stadt zum Weltkulturerbe
2013	Berzdorfer See vollständig geflutet (2002–2013)
2021	Görlitzer Synagoge wird nach umfassender Sanierung wiedereröffnet als »Kulturforum Görlitzer Synagoge«

Rundgang durch die Altstadt

Städte, deren Altstadtkern mit prächtigen Straßenzügen und verwinkelten Gassen über Jahrhunderte fast unverändert erhalten blieb, findet man leider nur selten. Görlitz kann auf eine bewegte Geschichte und den außergewöhnlich reichen Bestand von etwa 3.500 architektonischen Denkmalen verschiedener Stilepochen verweisen.

Jahr für Jahr reisen mehr Gäste in die alte Handelsstadt an der Neiße, um charaktervolle Bauten und Altstadtatmosphäre zu genießen. Als Ausgangspunkt für einen Stadtspaziergang sei der Obermarkt empfohlen.

Der Obermarkt; links das Haus Obermarkt 29

Görlitz-Information
Obermarkt 32, 02826 Görlitz
Tel. 03581 47570, www.goerlitz.de

Am Obermarkt ❶

Am Obermarkt, der nordseitig durch prächtige, nach Vorbildern in Leipzig und Dresden errichtete Häuser des Hochbarock gesäumt wird, soll der Rundgang durch die Görlitzer Altstadt beginnen. Zu den bedeutendsten und schönsten Bauten jener Epoche zählt das Haus Nr. 29, das der Berliner Leinengroßhändler Johann Wilhelm Schaumburg 1718 errichten ließ, nachdem ein verheerender Stadtbrand auch am Obermarkt schwerste Zerstörungen hinterlassen hatte. Dieses repräsentative Gebäude mit Stuckornamenten und bemalten Holzbalkendecken diente in der Vergangenheit auch als Herberge. Die über die gesamte Tiefe reichende gewölbte Eingangshalle durchschritten berühmte Reisende wie August der Starke, der russische Zar Alexander I. oder Napoleon. Letzterer stand im August 1813 auf dem Balkon des Hauses, um eine Heeresschau seiner Truppen abzuhalten. Verweilt man einige Minuten in der Halle des historischen Hauses, kann man sich das frühere geschäftige Treiben vorstellen, wenn Handelsleute mit ihren Kutschen eintrafen, ihre Waren abluden und anpriesen.

Die Verrätergasse ❷

Nur wenige Schritte nach rechts und uns eröffnet sich der Einblick in das finstere Verrätergässchen. Diese Bezeichnung erinnert an Peter Liebig, der an dieser Gasse lebte und neben Alexander Bolze als einer der Anführer des dritten

Obermarkt, Ecke Steinstraße; im Hintergrund der Reichenbacher Turm und Kaisertrutz

Tuchmacheraufstandes von 1527, durch den die selbstherrliche Regierung des Stadtrates gebrochen werden sollte, gilt. In seinem Hinterhaus trafen sich die Verschwörer, Verräter in den Augen der Patrizier, worauf am Hinterausgang des Gebäudes bis heute die Buchstaben »DVRT 1527« (»Der verräterischen Rotte Tor 1527«) hindeuten. Dieser Aufstand scheiterte und wurde blutig niedergeschlagen. Neun Verschwörer wurden als Stadtverräter hingerichtet, 19 gefoltert und 25 geächtet. Es wird berichtet, dass die Verschwörer durch die Stadtwache entdeckt wurden, weil die Turmuhr der Dreifaltigkeitskirche sieben Minuten zu früh schlug. Diese Zeitabweichung kann man übrigens noch heute feststellen.

Wir gehen zunächst jedoch noch ein paar Schritte westwärts und schauen zum Reichenbacher Turm.

13

Reichenbacher Turm ❸

Dieser ist der wohl schönste und zugleich höchste der Wach- und Wehrtürme von Görlitz.

Die Baugeschichte des 1376 erwähnten Turmes reicht möglicherweise bis ins 13. Jahrhundert zurück, als der Obermarkt angelegt wurde. Der Unterbau stammt aus dem 14. Jahrhundert, der zylindrische Oberteil von 1484.

Blick vom Reichenbacher Turm in nordöstliche Richtung zur evangelischen Pfarrkirche St. Peter und Paul

Die barocke Haube des bis 1904 bewohnten Bauwerkes wurde im Jahre 1782 fertiggestellt. Zwölf Wappen schmücken seine Außenwände und erinnern an die Zugehörigkeit von Görlitz zum Lausitzer Sechsstädtebund (neben Görlitz die Städte Bautzen, Kamenz, Löbau, Zittau und Lauban) sowie an jene Länder, denen Görlitz in seiner wechselvollen Geschichte angehörte. Der Aufstieg auf den Turm lohnt nicht nur wegen der beeindruckenden Aussicht, sondern vor allem auf Grund der Sammlungen in den Etagen des Turmes.

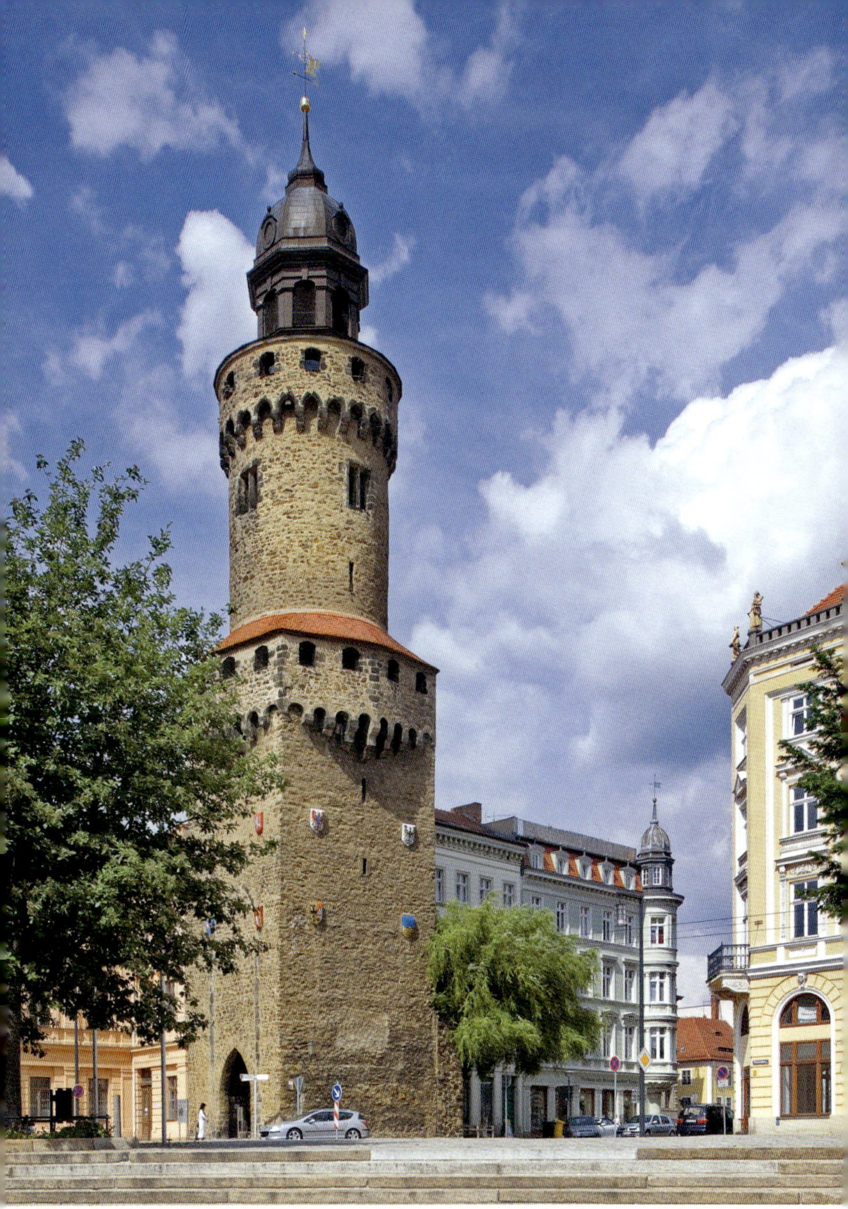

Reichenbacher Turm eingangs des Obermarktes

Kulturhistorisches Museum Görlitz, Reichenbacher Turm
Platz des 17. Juni 4, Tel. 03581 671420, www.goerlitzer-sammlungen.de.
In sieben Geschossen Informationen über mittelalterliche
Stadtverteidigungsanlagen, Blick über die Stadt. Öffnungszeiten
von April bis Oktober: Di–Do 10–17 Uhr, Fr–So 10–18 Uhr,
November bis März geschlossen, veränderte Feiertagsöffnungszeiten.

Kaisertrutz am Platz des 17. Juni

Der Kaisertrutz ❹

Gegenüber in westlicher Richtung erreichen wir mit dem Kaisertrutz das einzigartige, dem Reichenbacher Turm vorgelagerte wehrhafte Bauwerk, das schon 1490 im Zuge des Ausbaus der Stadtbefestigung errichtet und durch zwei Schildmauern mit dem Reichenbacher Turm verbunden wurde.

Bis zu 4,5 Meter stark sind die Mauern des Rundbaus von 19 Metern Durchmesser. Die Bezeichnung »Kaisertrutz« trägt er seit dem Dreißigjährigen Krieg, als hier die Schweden dem Ansturm kaiserlicher Truppen trotzten. In seinem Inneren birgt der Kaisertrutz einen Teil des Görlitzer Kulturhistorischen Museums.

Kulturhistorisches Museum Görlitz, Kaisertrutz
Platz des 17. Juni 1, Tel. 03581 671420, www.goerlitzer-sammlungen.de.
Kulturgeschichte der Stadt Görlitz und der östlichen Oberlausitz,
Galerie der Moderne. Öffnungszeiten: Nov. bis März Di–So 10–16
Uhr, Apr. bis Okt. Di–Do 10–17 Uhr, Fr–So 10–18 Uhr, veränderte
Feiertagsöffnungszeiten.

Dreifaltigkeitskirche ❺

Nunmehr wenden wir uns wieder dem langgestreckten Obermarkt zu, dessen Bild durch die Dreifaltigkeitskirche, auch Oberkirche genannt, und ihren schlanken Turm, den »Mönch«, geprägt wird. Die Kirche wurde nach Gründung des Franziskanerklosters ab dem Jahr 1234 errichtet und 1245 eingeweiht. Der gotische Chor der Kirche und die benachbarte Barbara-Kapelle entstanden Ende des 14. Jahrhunderts. Mitte des 15. Jahrhunderts wurde das Langhaus verändert und erweitert. Die Dreifaltigkeitskirche kann auf eine wertvolle Ausstattung aus dem 15. und 16. Jahrhundert verweisen. Darunter sind der spätgotische Schnitzaltar von 1510/1515 mit der berühmten Goldenen Maria, das reichgestaltete Chorgestühl und die aus Sandstein gehauene Grablegungsgruppe von Hans Olmützer von 1492 als besonders wertvoll hervorzuheben. Der prachtvolle barocke Hochaltar wurde 1713 von C. G. v. Rodewitz, einem Schüler Balthasar Permosers, geschaffen. 1563 übergab der letzte Mönch das Kloster an die Stadt, mit der Auflage, hier ein Gymnasium einzurichten.

Dreifaltigkeitskirche am Obermarkt

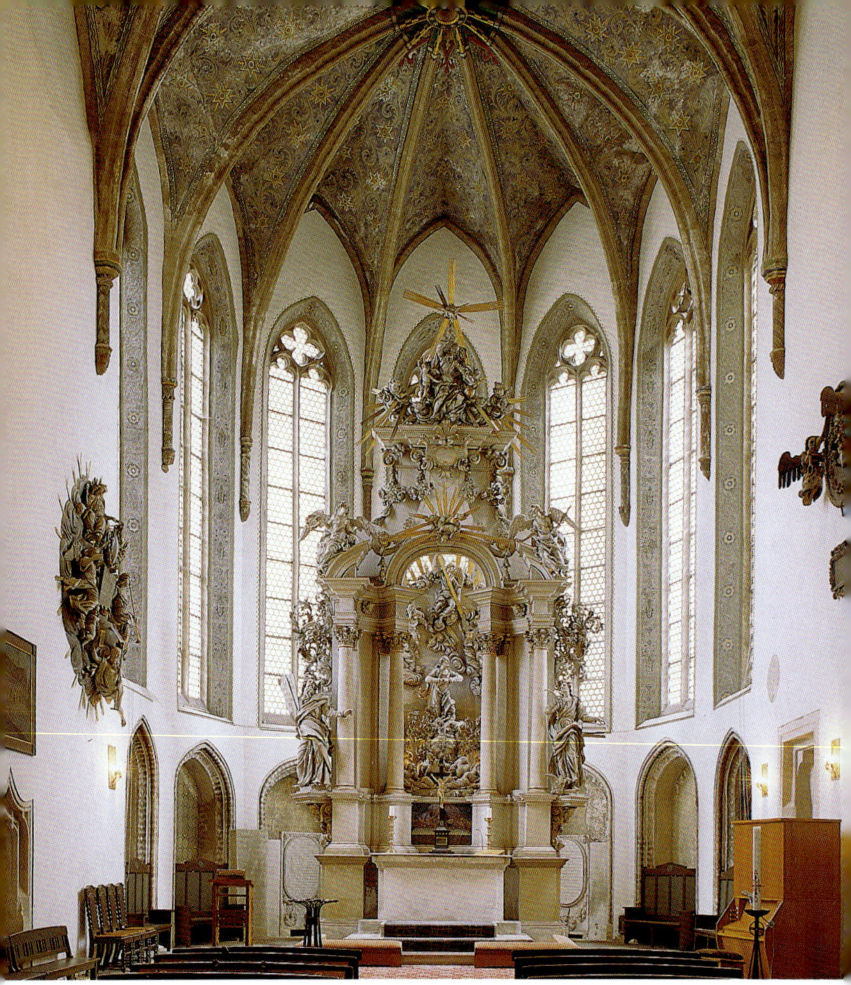

Das **Gymnasium Augustum** besteht seit 1565 und erhielt 1854/56 einen Schulneubau, der sich südlich der Dreifaltigkeitskirche anschließt. Verlassen wir die Dreifaltigkeitskirche in östlicher Richtung, erreichen wir nach wenigen Schritten den Kunstbrunnen, der eine Sand-

Chor der Dreifaltigkeitskirche mit Barockaltar, geschaffen von Caspar Gottlieb von Rodewitz, 1713

steinplastik trägt. Der Krieger hält einen Schild mit dem kursächsischen Wappen.

Dreifaltigkeitskirche
Obermarkt, Tel. 03581 4287012,
www.innenstadtgemeinde-evangelisch-goerlitz.de.
Besichtigung bzw. Führung in der Dreifaltigkeitskirche zu den Öffnungszeiten und nach vorheriger Anmeldung.

Der erinnert an das Jahr
1635, als die Oberlausitz
und damit auch Görlitz
auf der Grundlage eines
in Prag geschlossenen
Friedensvertrages von
der böhmischen Krone
zu Sachsen wechselte.

rechts:
Marienaltar in der
Barbarakapelle der
Dreifaltigkeitskirche

unten:
Westportal in der
Dreifaltigkeitskirche,
rechts an der Nord-
wand die Kanzel aus
dem Jahr 1670

Blick zum Gymnasium Augustum am Klosterplatz und zur Turmspitze der Dreifaltigkeitskirche.

Das im Stil der Tudorgotik errichtete Schulhaus ersetzte alte Klosterbauten und wurde 1856 eingeweiht.

Die Brüderstraße ❻

Durch die Brüderstraße, deren Namen an Bettelordensbrüder erinnert, erreichen wir mit dem Untermarkt den Kern der Altstadt mit seinem ungewöhnlich reichhaltigen Bestand an Renaissance- und Barockhäusern. Unser Blick fällt auf ideenreich gestaltete Portale und kunstvolle Handwerksarbeit, die sich darüber hinaus auch innerhalb der Häuser in Geschäften und Ausstellungen präsentiert. Ein Blick in die seitliche Schwarze Straße erinnert an die enge Bebauung in früheren Zeiten.

Schwibbogenhaus

rechts:
Schwarze Straße

S. 24/25:
Brüderstraße mit
Rathausturm und
Schönhof

Die Gasse hinter dem Brunnen zeigt mit dem »**Schwibbogen**« einen Überbau, der direkt an den Chor der Dreifaltigkeitskirche anschließt und bis zum Hotel »Schwibbogen« reicht. Es wird berichtet, dass der Görlitzer Rat diese und weitere Gassen während des Tuchmacheraufstandes 1527 vermauern ließ, um das Wohnviertel der Aufständischen abzuriegeln. Die bogenförmigen Gassenüberbauungen sind typisch für die Görlitzer Altstadt.

Detail des Portals
Brüderstraße 16

Gewölbe im Haus Untermarkt 4 (Zentralhalle)

Der Schönhof ❼

Den Abschluss der Brüderstraße zum Untermarkt bildet der Schönhof. Es ist eines der wichtigsten Kulturdenkmäler der Stadt. Der Schönhof bot in vergangenen Zeiten wiederholt hochherrschaftlichen Gästen des Rates, Fürsten und Königen Quartier. Im Kern geht der Bau bis in die Zeit der Stadtgründung im 13. Jahrhundert zurück. Nach einem verheerenden Stadtbrand wurde das Bürgerhaus 1526 von Ratsbaumeister Wedel Roskopf dem Älteren im Renaissancestil mit seiner prachtvollen Fassade errichtet. Im Inneren des restaurierten Hauses wurden bemalte Holzdecken und Wandmalereien des 16., 17. und 18. Jahrhunderts erhalten.

Der Schönhof beherbergt heute das Schlesische Museum. Das Museum gibt einen Überblick über die wechselhafte Geschichte des Landes an der Oder. Die Ausstellung zeigt Goldschmiedearbeiten aus Breslau, Glas aus den Hütten des Riesengebirges, Porzellan aus dem Waldenburger Land und Eisenkunst aus dem oberschlesischen Gleiwitz.

rechts: Der Schönhof

Amphorenvase mit Ansichten von Schloss Fischbach, 1832/1833

Schlesisches Museum zu Görlitz
Brüderstraße 8, Tel. 03581 87910, www.schlesisches-museum.de. Ausstellungen im Schönhof, Di–Do 10–17 Uhr, Fr–So 10–18 Uhr, Sonderöffnungszeiten an Feiertagen sowie verkürzte Öffnungszeiten von Januar bis März.

Der Untermarkt ❽

Nach Betrachtung des Schönhofs wandert unser Blick auf den Untermarkt voller stattlicher Renaissancebauten, die mit ihrer Schönheit an die reiche Vergangenheit des Görlitzer Tuchhandels erinnern. Zahlreiche Großkaufleute hatten sich am Untermarkt niedergelassen. Hin und wieder ist ein Blick in die repräsentativen Eingangshallen, in denen begehrte Tuchwaren gestapelt wurden, möglich. Hier florierte der Handel, Einheimisches wurde ebenso angeboten wie Waren aus fernen Ländern. Manche Tage erreichten bis zu eintausend Fuhrwerke die Stadt. Das Umfahren von Görlitz war nicht nur umständlich, sondern stand für Kaufleute nach königlichem Erlass unter Strafe. Diese Tatsache trug zusätzlich zum Gedeihen von Görlitz als Handelsstadt bei.

oben: Hinterhöfe am Untermarkt

unten: Hallenhaus auf dem Untermarkt 3

Blick von der Rathaustreppe zum Untermarkt

Auf der Südseite des Untermarktes schließen sich an den Schönhof vier mächtige Gebäude, die **»Langen Lauben«** genannt, an. Mit hohen Lichthöfen im Inneren und spätgotischen Gewölben blieben die Görlitzer Hallenhäuser als einmalige architektonische Denkmale erhalten. Hier befand sich das Zentrum des Waid- und Tuchhandels in Görlitz.

Uns zur Seite belebt der **Neptunbrunnen**, durch humorvolle Görlitzer »Gabeljürgen« genannt, den Markt.

Dahinter erhebt sich die sogenannte **»Zeile«**, eine Häuserreihe, die den Untermarkt in eine südliche und eine nördliche Hälfte teilt. Die Zeile schließt mit der Waage ab. In diesem Gebäude, das ionische Säulen zieren, wurden eintreffende Waren gewogen und verzollt. Das spätgotische und im Stil der Renaissance überbaute Eckhaus zieren u. a. die Bildnisse des Stadtbaumeisters Jonas Roskopf, des Maurer- und des Waagemeisters.

Auf der nördlichen Hälfte des Untermarktes schließt sich die **Alte Börse** – heute Hotel zur Börse, Anfang des 18. Jahrhunderts anstelle der Brot- und Schuhbänke als Kaufhaus erbaut – an. In diesem Barockbau mit prächtigem Portal versammelte sich die Kaufmannschaft. Gegenüber fällt der Blick auf herrliche Renaissancebauten. Das rechte Eckhaus, früher Ratsapotheke, ziert neben einem kunstvollen Erker eine Sonnenuhr, die Zacharias Scultetus, Bruder des schon erwähnten Bürgermeisters, 1550 anbringen ließ. Die zwei Felder zeigen links das Solarium, rechts ein Spinnengewebe, eine Arachne.

Neptunbrunnen am Untermarkt

Links der zwei Renaissancebauten sehen wir am Haus Untermarkt 22 ein spätgotisches Portal mit dem gern »getesteten« **Flüsterbogen ❾**. Die auf einer Seite in den mehrfach gekehlten Steinbogen geflüsterten Worte sind auf der anderen genau und deutlich vernehmbar.

An der Ostseite säumen die spätgotischen **»Hirschlauben«** mit dem alten Gasthof »Brauner Hirsch« den Untermarkt und führen zur Neißstraße, deren Verlauf abwärts bis zur Neiße mit dem früheren Handelsweg, der Hohen Straße, identisch ist.

oben: Spätgotisches Portal mit Flüsterbogen am Untermarkt 22

S. 32/33: Restaurierte Bauten am Untermarkt, rechts die ehemalige Ratsapotheke

❿ Rathaus

An der Westseite des Untermarktes erstreckt sich das Rathaus, praktisch eine Baugruppe aus verschiedenen Stilperioden.

Der Kern des Gebäudes stammt aus dem 14. und 15. Jahrhundert, in der ersten Hälfte des 16. Jahrhunderts wurde es durch Wendel Roskopf den Älteren umgebaut und erweitert. Dessen Sohn, Wendel Roskopf der Jüngere, setzte die Arbeiten in der zweiten Hälfte des 16. Jahrhunderts fort, während der neue Rathausbau, der das Ensemble rechts abschließt, 1902/03 fertiggestellt wurde. Die Wappen der Mitglieder des Lausitzer Sechsstädtebundes zieren die aufwendig gestaltete Neorenaissancefassade.

Blick zum Rathaus

*oben: Das neue Rathaus, an der
Vorderfront die Wappen des
Oberlausitzer Sechsstädtebundes*

*rechts: Wappen der Stadt Zittau
am Görlitzer Rathaus*

Dem Schönhof gegenüber, zwischen dem Südflügel des Rathauses und dessen Turm, führt eine leicht geschwungene Freitreppe empor, an deren Podest sich die reich gestaltete, erkergleiche Verkündungskanzel anschließt. Im Mittelpunkt steht auf einer schlanken Säule Justitia, Göttin der Ge-

Freitreppe am Rathaus mit Justitia, als Wahrzeichen der hohen Gerichtsbarkeit

rechtigkeit, mit Schwert und Waage. Die Tatsache, dass ihre Augen jedoch nicht wie üblich verbunden sind, lässt die Frage offen, ob Gerechtigkeit stets ohne Ansehen der

Person geübt wurde. Die Göttin nimmt diesen Platz seit 1591 ein, während die Freitreppe schon in den Jahren 1537/38 wahrscheinlich durch Wendel Roskopf den Älteren geschaffen wurde. Über der Pforte am Turm erinnert das Wappen des ungarischen Königs Matthias Corvinus aus dem Jahr 1488 an jene Zeit, da Görlitz wie die gesamte Oberlausitz im 15. Jahrhundert einige Jahre der ungarischen Krone angehörte.

oft bestaunt wird und wiederum in verschiedenen Epochen errichtet wurde.

Der Unterbau stammt aus dem 14. Jahrhundert, der Aufsatz aus der ersten Hälfte des 16. und die Haube aus dem 18. Jahrhundert. Gleich zwei Uhren erkennen wir an der östlichen Turmwand. Von der unteren Uhr (von 1584) schaut ein behelmter Kopf herunter, dessen Kinnlade zu jeder vollen Minute für kurze Zeit herunterklappt, als

Mit kunstvollen Täfelungen, Holzdecken, Stuckarbeiten u. a. verfügt das Görlitzer Rathaus über eine bemerkenswerte historische Innenausstattung.

Die Ansicht von Rathaus und Untermarkt wird entscheidend durch den Rathausturm bestimmt; ein Bau, der mit seinen Turmuhren

Historischer Ratssaal (kleiner Sitzungssaal)

wolle er uns ermahnen, die kostbare Zeit gründlich zu nutzen. Die Jahreszahl 1584 erinnert an die Einführung der heutigen Zwölfteilung des Zifferblattes durch den Görlitzer Humanisten, Lehrer und

Bürgermeister Bartholomäus Scultetus. Der vielseitig gebildete Scultetus wirkte außerdem als Mathematiker, Astronom und bekleidete verschiedene Ämter. Er war an der Einführung des Gregorianischen Kalenders beteiligt und Ende des 16. Jahrhunderts Schöpfer der ersten Landkarte der Oberlausitz. Durch Scultetus' Wirken gehörte Görlitz zu den ersten Städten in Deutschland, die sich der neuen Zeitrechnung anschlossen.

Schauen wir noch einmal den Rathausturm hinauf. Der Zeiger der oberen der beiden Uhren vollendet im Lauf eines Monats einen Umlauf und bestimmt dabei Tag, Stunde und Mondphase. Aus einer Nische im oberen Turmdrittel lugt ein goldener Löwe hervor, der zur Mittagsstunde, gelegentlich auch auf »Bestellung«, sein weithin vernehmbares, eher einem Brummen ähnelndes Brüllen hören lässt.

oben:
Originelle
Uhren an der
Ostseite des
Rathausturmes

links:
Laubengänge
am Rathaus
mit Blick zum
Nikolaiturm

Die Neißstraße ⓫

Uns fällt die wunderschön gestaltete Fassade der Neißstraße Nr. 30 mit ihrem malerischen Innenhof auf. Dieses Gebäude entstand nach dem Stadtbrand von 1726 für den Leinenhändler Christian Ameis und birgt in unserer Zeit wertvolle Bestände der Sammlungen für Geschichte und Kultur der Stadt Görlitz.

Eine ständige Ausstellung wurde Jacob Böhme gewidmet. Der gelernte Schuhmacher gilt als ein früher Wegbereiter der klassischen deutschen Philosophie. In Görlitz verfasste der Autodidakt, der sich als »Philosophus Teutonicus« betitelte, seine philosophischen Hauptwerke, darunter »Aurora, oder die Morgenröte im Aufgang« (1612).

Barockhaus Neißstraße 30

Kulturhistorisches Museum Görlitz, Barockhaus Neißstraße 30
Neißstraße 30, Tel. 03581 671410, www.goerlitzer-sammlungen.de.
Bürgerliche Kultur des Barocks, Wissenschaft und Kunst um 1800,
Oberlausitzische Bibliothek der Wissenschaften. Öffnungszeiten:
Nov. bis März Di–So 10–16 Uhr, Apr. bis Okt. Di–Do 10–17 Uhr,
Fr–So 10–18 Uhr, veränderte Feiertagsöffnungszeiten.

An die Leistungen der Oberlausitzischen Gesellschaft der Wissenschaften, die das Gebäude Anfang des 19. Jahrhunderts übernahm und bis zu ihrer Auflösung Ende des Zweiten Weltkrieges dort ihren Sitz hatte, erinnert u.a. die 1779 gegründete Bibliothek der Wissenschaften, eine der ältesten sächsischen Bibliotheken.

Eines der schönsten Renaissancegebäude, das **Biblische Haus** aus dem Jahr 1570, schließt sich auf der Neißstraße an. Die aufwendig gestaltete Fassade zeigt, in zwei Reihen gegliedert, Reliefdarstellungen von Szenen aus dem Alten und Neuen Testament: in der unteren Reihe Begebenheiten des Alten Testaments, in der oberen Bilder aus Christus' Leben.

Türklopfer am Portal des Barockhauses

links: Portal des Barockhauses Neißstraße 30 mit Blick in Hof und Eingangshalle

unten: Detail der Fassade des Biblischen Hauses, Neißstraße 29

S. 44/45: Barockhaus Neißstraße 30, Museum der Städtischen Sammlungen für Geschichte und Kultur mit Oberlausitzischer Bibliothek

S. 46/47: Blick in die Neißstraße

Innenhof des Kulturhistorischen Museums in der Neißstraße 30

Oberlausitzische Bibliothek
der Wissenschaften
Biblioteka Górnołużyckiego
Towarzystwa Nauk
Lesesaal · Library · Czytelnia

Ausstell
Exhibit

1

2

3

4

5

1: Bodenstanduhr von David Roentgen, 1792 (Detail) | 2: Ausstellungs-raum zu Musik- und Literaturgeschichte | 3: Historische Kleinplastiken »Germanen«, um 1920 | 4: Physikalisches Kabinett | 5: Historischer Bibliothekssaal | 6: Ausstellungsräume im Barockhaus

45

Vierradenmühle ⑫
und Waidhaus ⑬

Die Neißstraße führt hinunter zum gleichnamigen Grenzfluss. Über die Brücke erreicht die »via regia« (auch Hohe Straße genannt) das östliche Neißeufer von Zgorzelec. Seit 2004 verbindet der 1945 gesprengte Verkehrsweg die geteilte Stadt wieder. Rechts können wir mit der **Ochsenbastei** einen Rest der massiven mittelalterlichen Stadtbefestigung besichtigen und eventuell im kleinen Barockgarten rasten.

Für die wohlverdiente Pause bietet sich auch ein Besuch in der Vierradenmühle, direkt an und über der Neiße gelegen, an. Das historische Gemäuer, bis 1928 ein kleines Wasserkraftwerk, beherbergt eine beliebte Gaststätte, deren Küche mit allerlei Genüssen aufwarten kann. So können auf angenehme Weise Kräfte für den zweiten Teil des Stadtrundganges gesammelt werden.

Es folgt ein steiler Anstieg zum alten Burgberg, auf dem die alte Burg Yzhorelic stand. Sie war 1126 errichtet worden und diente nach Gründung der Stadtsiedlung Görlitz durch Siedler aus Thüringen, Franken und der Mark Meißen um 1220 als Sitz des Stadtvogtes sowie zum Schutz des Straßenkreuzes

von Hoher Straße, die unterhalb die Neiße überquerte, und Nord-Süd-Verbindung. Hier blieb ein Teil der alten Stadtmauer erhalten. Ein kleines Wiekhaus überragt sie und ermöglicht einen Blick zurück zu Neiße und Vierradenmühle. Auf der gegenüberliegenden Flussseite erheben sich Wohnbauten des polnischen Zgorzelec. Ein Stück flussaufwärts befinden sich zwei Neiße-

Blick vom östlichen
Neißeufer auf Waidhaus
und Peterskirche,
im Vordergrund
die Vierradenmühle

brücken, über die der Grenzfluss mit Auto, Bus, Bahn oder auch zu Fuß überquert werden kann.

Seit dem 13. Jahrhundert trägt der Grauwackefels eine Kirche.

Bevor wir das Innere der Peterskirche betreten, schauen wir zum Waidhaus, auch Renthaus genannt. Es gilt als ältester Görlitzer Profanbau und war im 12. Jahrhundert ein zur Burg gehörender Freihof.

In seiner Geschichte wurde er sehr unterschiedlich genutzt. Die Bezeichnungen Waidhaus und Renthaus erinnern an die Nutzung als Waidstapel oder als Schüttboden für Zinsgetreide, als Rente bezeichnet. Nach gründlicher Sanierung wurde das Waidhaus 1995 als Werkstattgebäude des Görlitzer Fortbildungszentrums für Handwerk und Denkmalpflege eingerichtet.

Evangelische Pfarrkirche St. Peter und Paul ⓮

Kurz nach Stadtgründung wurde auf dem Felsen zwischen 1225 und 1235 eine erste dreischiffige Pfeilerbasilika erbaut. Aus jener Zeit stammt das prächtige Westportal mit vierfach gestaffelten Säulengewänden. Anfang des 15. Jahrhunderts wurde ein Neubau geplant, dessen Grundstein 1423 gelegt wurde. Der Bau stagnierte zunächst, wozu Ereignisse des Zeitgeschehens, wie die Kriegszüge der Hussiten, beitrugen.

Nach einem Erdrutsch stürzte 1454 der steile Osthang ein. Dadurch musste dieses Stück der Stadtbefestigung verstärkt und neu aufgemauert werden.

links:
Evangelische Pfarrkirche St. Peter und Paul – Westansicht

rechts:
Mittelschiff der Pfarrkirche, Blick zur Sonnenorgel an der Westseite, rechts die Kanzel aus dem Jahr 1693

Evangelische Pfarrkirche St. Peter und Paul
Bei der Peterskirche, Tel. 03581 4287012. Besichtigung und Führung zu den Öffnungszeiten und nach Vereinbarung. »Orgelpunkt 12«: April bis Oktober Di, Do, So, Feiertage 12 Uhr, November bis März So/Feiertage 12 Uhr. www.innenstadtgemeinde-evangelisch-goerlitz.de

Im Jahre 1457 konnte ein Teil der Kirche durch den Bischof von Meißen geweiht werden. Im Laufe des 15. Jahrhunderts wurden die Arbeiten an der dreischiffigen Kirche weitergeführt. Vierundsiebzig Jahre nach Grundsteinlegung wurde die Peterskirche 1497 unter Leitung des berühmten Baumeisters Konrad Pflüger als fünfschiffiger Bau größtenteils vollendet und geweiht. Leider blieb die Kirche wie viele Gebäude der Stadt in ihrer Geschichte nicht vor Zerstörung bewahrt. Während des Stadtbrandes 1691 wurden große Teile des Bauwerkes und die gesamte Innenausstattung zerstört.

Spätgotisches Fenstermaßwerk mit Farbverglasung (1893) an der Nordseite

Der kurz darauf begonnene Wiederaufbau fügte dem Erhaltenen barocke Elemente hinzu. Die zwei achteckigen Kirchtürme an der Westseite wurden 1889 bis 1891 neogotisch verändert.

Wir steigen die Stufen zum Westportal hinauf und betreten das Innere der hellen, weiträumigen Hallenkirche. Der Innenraum, der zum Chor im Ostteil leicht ansteigt, misst in der Längsachse stattliche 72 Meter. Die zahlreichen Emporen wurden nach dem schrecklichen Brand von 1691 eingefügt. An einem nördlichen Pfeiler des Mittelschiffs sehen wir die 1693 in Weiß und Gold geschaffene Kanzel, getragen von einer Engelsfigur, Dahinter leuchtet in prächtigen Farben ein spätgotisches Fenster an der Nordseite hervor, dessen

Barocker Beichtstuhl von Caspar Gottlob von Rodewitz, 1717

Abguss der großen Glocke (1696) im südlichen Außenschiff

Verglasung den zwölfjährigen Jesus im Tempel zeigt. Im Chor beeindruckt der Altar, 1695 durch George Heermann in Sandstein und Stuckmarmor gefertigt. Das große Altarbild zeigt die Himmelfahrt Christi. Zu beiden Seiten des Altars sehen wir zwei außergewöhnlich prunkvolle barocke Beichtstühle. Als Schöpfer des linken ist C. G. von Rodewitz bekannt. Besondere Erwähnung verdient auch die Orgel von Eugenio Casparini mit einem Prospekt von Johann Conrad Buchau, 1701 bis 1703 mit 56 Registern vollendet.

Dieses Instrument, aufgrund der strahlenförmig angeordneten zwölfstimmigen Pedalmixtur Sonnenorgel genannt, war lange Zeit Mittelpunkt des Görlitzer Musiklebens. Nach Abschluss des ersten Restaurierungsabschnittes im Herbst 1997 besteht nun wieder die Möglichkeit, ihren herrlichen Klang zu bewundern. Seitlich der Sonnenorgel, im Nordschiff, blieb das Taufgitter von Hans Mantler aus dem Jahr 1617 erhalten.

**Taufkapelle mit Gitter
von Hans Mantler, 1617**

Blick zur Peterstraße, Nikolaistraße, Nikolaiturm ⑮

Unser Stadtspaziergang setzt sich in westlicher Richtung durch die Nikolaistraße fort, bis zum nächsten Ziel, dem Heiligen Grab, einer originalgetreuen mittelalterlichen Nachbildung der Jerusalemer Passionsstätte. Vom Portal der Kirche St. Peter und Paul führt ein Kreuzweg über etwa eintausend Schritte bis zu diesem Ziel.

Eingangs der Nikolaistraße werfen wir links einen Blick in die Peterstraße, sehen Renaissance- und Barockbauten, für deren Betrachtung etwas Zeit bleiben sollte. Vornehme Bürger lebten hier, so Bartholomäus Scultetus von 1570 bis 1617 im Haus Peterstraße Nr. 4. Es lohnt, einen Blick in die großzügig angelegten Bauten zu werfen, zumal durch die hier eröffnete Gastronomie willkommene Erfrischung gereicht wird. Interessant auch das an einen italienischen Palazzo erinnernde Eckhaus zur Nikolaistraße mit seinen prägnant hervorgehobenen Quadern. Kunstvoll gestaltete Hauseingänge fallen an den Wohnhäusern ebenso auf wie schmückende Elemente an den Fassaden.

oben:
Portal des Hauses
Peterstraße 4

rechts:
Steinerne Galerien
prägen den Innenhof
der Peterstraße 4

links:
Blick in die Peterstraße

S. 58/59: Blick
zum Nikolaiturm

Im letzten Haus der Nikolaistraße, links, in der »**Destille**«, befand sich ein jüdisches Gebetshaus mit jüdischem Bad in den Kelleretagen. Seit Restaurierung des Gebäudes zu Beginn der achtziger Jahre kann man hier wieder Einkehr halten. Die Kelleranlage mit der jüdischen Bademikwe kann nach Vereinbarung besichtigt werden.

Am **Nikolaiturm** aus dem 14. Jahrhundert erreichen wir jenes Viertel, in dem sich im 11. Jahrhundert

Der Karpfengrund, parallel zur Nikolaistraße

die erste Ansiedlung des Dorfes Gorelic befand. Die einstigen Wehranlagen um den Turm waren Mitte des 19. Jahrhunderts abgebrochen worden. Übrig blieben Reste der mittelalterlichen Stadtmauern, an denen Grünanlagen unterhalb der Peterskirche bis zur Neiße und weiter zur Ochsenbastei führen.

Nikolaifriedhof **16**
und Heiliges Grab **17**

Hinter dem Nikolaiturm erreichen wir auf dem Weg zum Heiligen Grab nach Überqueren der Hauptstraße an der Ecke von Bogstraße und Lunitz eine kleine Bäckerei, wo ein Bildstock jene Stelle kennzeichnet, an der Christus unter dem Kreuz zusammenbrach. Dieser Bildstock blieb neben dem am Aufgang zum Hügel Golgatha als einer von sieben, die am Kreuzweg zum Innehalten und Besinnen mahnten, erhalten. Das heutige Bildwerk wurde 1967 erneuert. Die Bogstraße mündet in den Steinweg.

Hielten wir uns jetzt rechts, würden wir mit der **Nikolaikirche** den ältesten Görlitzer Sakralbau erreichen, der um das Jahr 1100 errichtet und im 15. und 16. Jahrhundert spätgotisch erneuert wurde. Der angrenzende **Nikolaifriedhof** zählt zu den schönsten und romantischsten Friedhöfen Deutschlands.

Nach Passieren des Steinwegs führt die Straße noch etwas bergan, und an der gleichnamigen Straßenbahnhaltestelle ist die Parkanlage mit dem **Heiligen Grab** in Görlitz erreicht. Es zeigt eine Ende des 15. Jahrhunderts geschaffene Kopie der Jerusalemer Grabeskirche, die als wertvollste der in Deutschland geschaffenen Nachbildungen gilt. Der spätere Görlitzer Bürgermeister Georg Emmerich begab sich 1464 auf eine Pilgerfahrt zur christlichen Heiligen Stätte nach Jerusalem.

Bedeutende barocke Grabmale auf dem Nikolaifriedhof

Das Heilige Grab
Heilige-Grab-Straße 79, Tel. 03581 315864,
www.evkulturstiftunggr.de.
Öffnungszeiten: März bis Okt. Mo, Di, Do–So 10–17 Uhr,
Nov. bis Feb. Mo, Di, Do–So 10–16 Uhr, Mittwoch geschlossen.

Einige Jahre nach seiner Rückkehr verwirklichte er den Entschluss, das Heilige Grab in Görlitz nachbilden zu lassen. Als außerordentlich begüterter Bürgermeister – er war wohl der reichste Mann, der je in Görlitz gelebt hatte – beglich er den größten Teil der dafür entstandenen Kosten. Die Anlage umfasst die Kapelle Zum Heiligen Kreuz (mit **Adamskapelle** und **Golgathakapelle**), Kapelle Zum Heiligen Grab und das **Salbhaus**.
Gegenüber der Anlage, die als ältester symbolischer Landschaftsgarten der Kulturgeschichte bekannt wurde, erstrecken sich Ölberggarten und Jüngerwiese, dazwischen das Tal des »Bach Kidron«. Es erfordert zwar etwas Phantasie, das Görlitzer Grab mit dem Original der Heiligen Stätte zu vergleichen, dennoch sind Umfang und Genauigkeit bei der Nachgestaltung des Jerusalemer Heiligen Grabes zu bewundern.

**Adamskapelle, in der Kapelle
Zum Heiligen Kreuz
(Unterkapelle)**

Vom Görlitzer Theater ⑱ zu Annenschule und Dickem Turm ⑲

Nach Besuch des Heiligen Grabes begeben wir uns von der Heiligen-Grab-Straße über den Grünen Graben (entlang der Straßenbahnlinie) zurück zum Kaisertrutz. Nur wenige Schritte hinter dem alten Verteidigungsbau hat das **Theater** Görlitz seine Wirkungsstätte, ein Musiktheater, das zur Bereicherung des kulturellen Angebotes mit den Theatern in Zittau und Bautzen eng zusammenarbeitet. Unweit des Theaters befinden sich das **Naturkundemuseum** mit bedeutenden Sammlungen und die **Annenkapelle**.

links: Die Kapelle Zum Heiligen Kreuz, deren Bau 23 Jahre bis zur Fertigstellung beanspruchte
unten: Das Görlitzer Theater am Demianiplatz

Sie wurde Anfang des 16. Jahrhunderts als Privatstiftung eines Görlitzer Händlers erbaut. In ihrer wechselvollen Geschichte diente sie nicht nur als Stätte der Andacht, sondern zeitweilig als Waisenhaus und Gefängniskirche, heute als Aula und im Untergeschoss als Turnhalle. Der **Dicke Turm**, mit etwa 700 Jahren einer der ältesten Görlitzer Türme, schützte einst das südliche Stadttor. Seine Bezeichnung rührt von der massiven Bauausführung her, die allen Angriffen trotzte. Die Kupferhaube wurde im Stil der Renaissance gefertigt. An der Südseite befindet sich ein Sandsteinrelief, welches das Stadtwappen von Görlitz, flankiert von Maria mit dem Jesuskind und der Heiligen Barbara, zeigt. Da Görlitz zur Zeit der Hussitenkriege treu zu Kaiser Sigismund stand, verlieh er der Stadt dieses Wappen.

Blick über den Marienplatz mit Dickem Turm

Jugendstilwarenhaus ⑳ und Frauenkirche ㉑

Mit dem Warenhaus kann Görlitz ein ganz besonderes Handelshaus vorweisen. 1912/13 als Kaufhaus Strauß errichtet, zeigt es noch heute seinen Originalzustand. Hinter der mit Arkaden und zahlreichen Skulpturen gestalteten Fassade erstreckt sich der beeindruckende Lichthof mit einem System aus Treppen und Galerien, das die Blicke der Kunden auf sich zieht und das freundliche Klima in diesem Handelshaus fördert. Das berühmte Wertheim-Warenhaus in Berlin diente als Vorbild für den großzügig angelegten Bau. Kein Wunder, dass dieses einzigartige **Jugendstilkaufhaus** in der Gegenwart eine gefragte Filmkulisse darstellt. Die benachbarte **Frauenkirche** ist nahezu fünf Jahrhunderte älter und wurde einst vor den Toren der Stadt, anstelle einer früheren Sühnekapelle, erbaut. Ein Besuch des dreischiffigen Gotteshauses ist zu den Öffnungszeiten und nach Vereinbarung möglich. Hinter der Frauenkirche begeben wir uns in die Struvestraße und wenden uns vor der römisch-katholischen Heilig-Kreuz-Kirche nach rechts wo wir die Görlitzer **Synagoge** erreichen.

Jugendstilkaufhaus (1912/13) am Demianiplatz, daneben die Frauenkirche

rechts: Der repräsentative Lichthof des Jugendstilwarenhauses

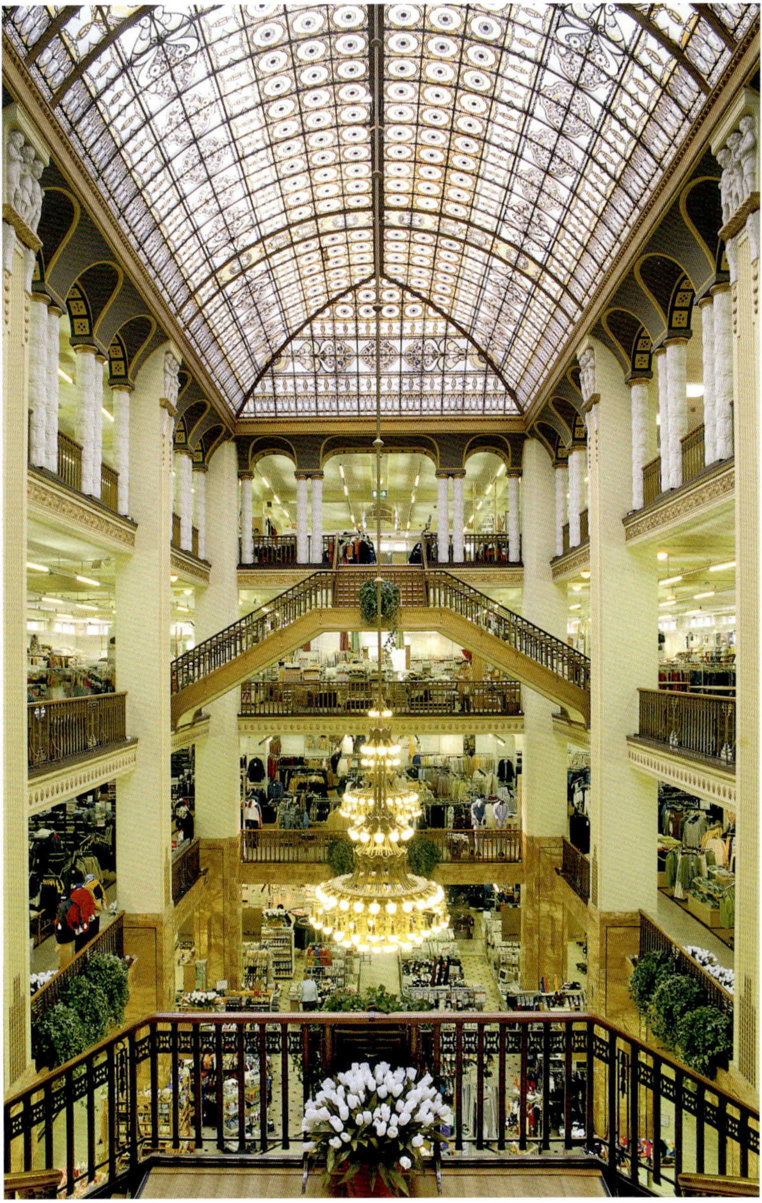

Frauenkirche
An der Frauenkirche, Tel. 03581 4287012,
www.innenstadtgemeinde-evangelisch-goerlitz.de.
Besichtigung und Führung zu den Öffnungszeiten und nach
Vereinbarung.

Görlitzer Synagoge ㉒

In der Otto-Müller-Straße 3 finden wir die **Neue Synagoge**, welche nach umfassender Sanierung im Juli 2021 als **»Kulturforum Görlitzer Synagoge«** wiedereröffnet wurde.

Walther William Lossow und Max Hans Kühne errichteten das Gebäude zwischen 1909 und 1911, nachdem die vorherige Synagoge für die stetig wachsende Jüdische Gemeinde in Görlitz zu klein geworden war. Der neoklassizistische Bau mit Elementen des ausklingenden Jugendstils unterscheidet die Görlitzer Synagoge von den Synagogen früherer Jahrzehnte.

Das eindrucksvolle Bauwerk fällt vor allem durch den hoch aufragenden, dicken Turm auf, der von einer Kuppel abgeschlossen wird. Dort oben befindet sich seit dem 12. September 2022 wieder ein Davidstern. Wie durch ein Wunder überstand das Gotteshaus die Zeit des

Görlitzer Synagoge

![Kuppelsaal mit Löwenfries und Blick zum Toraschrein]

Kuppelsaal mit Löwenfries und Blick zum Toraschrein

Nationalsozialismus. In der Pogromnacht am 9. November 1938 wurde zwar auch hier ein Feuer gelegt, das aber gelöscht werden konnte. Die jüdische Gemeinde in Görlitz aber wurde durch die NS-Diktatur ausgelöscht. Das Gebäude verfiel und wurde zeitweise als Lager zweckentfremdet.

Heute ist das »Kulturforum Görlitzer Synagoge« ein Ort der Begegnung und des Dialogs, in dem Konzerte, Lesungen und Festveranstaltungen stattfinden. Außerdem ist dieses herausragende Kulturdenkmal wie ein Museum für Besucher geöffnet. Unbedingt sehenswert ist die Dauerausstellung über jüdisches Leben in Görlitz.

In der sich anschließenden Parkanlage können wir verweilen, um entweder bis zum Stadtpark weiterzuwandern, oder aber wir begeben uns zurück zur Frauenkirche am Postplatz, um etwas weiter südlich die ausgewogene Gestaltung der Wohn- und Geschäftshäuser des Gründerzeitviertels näher kennenzulernen.

Information

Kulturforum Görlitzer Synagoge
Otto-Müller-Straße 3, Tel. 03581 6692132,
www.kulturforum-goerlitzer-synagoge.de. Öffnungszeiten: Fr – Mo
10 – 17 Uhr auch an Feiertagen. Öffentliche Führungen: jeden Donnerstag (auch feiertags) um 15 Uhr, jeden ersten Sonntag im Monat um 14 Uhr. Bei Veranstaltungen abweichende Öffnungszeiten.

Postplatz ㉓

Von der Frauenkirche öffnet sich uns der Blick auf den **Postplatz,** dessen Zentrum vom Toberentzbrunnen dominiert wird. Der 1887 von Robert Toberentz erbaute Brunnen wird im Volksmund auch als »**Muschelminna**« bezeichnet. Sockel und Randfiguren bestehen aus Carrara-Marmor, die Hauptfigur aus Bronzeguß. Die originale Flora hatte man im Krieg zu Rüstungszwecken eingeschmolzen.

Bis 1845 wurde hier noch der stätische Viehmarkt abgehalten.

Der Platz wird südlich von einer Reihe Wohn- und Geschäftshäusern aus den 1880er und 1890er Jahren begrenzt.

Östlich dominiert das hufeisenförmige Hauptpostamt, gebaut 1887 bis 1889. Die mächtigen Figurengruppen über den Seitenrisaliten sollen Telegrafie und Telefonie symbolisieren. Die nordwestliche Seite des Platzes wird vom 1863 erbauten Wohn- und Geschäftsgebäude des Kaufmanns Eduard Schulze eingerahmt. Ins Auge fällt vor allem der mit vier weiblichen Figuren, sogenannten Karyatiden, geschmückte Balkon

Vorbei an dem roten Klinkerbau im Westen, dem ältesten Gebäude am Platz (1863 bis 1865), in dem sich heute das Amts- und Landgericht befindet, kommen wir über die Berliner Straße zur Straßburg-Passage.

Blick vom Postplatz zur Frauenkirche und alter Post

Am Postplatz; Brunnen mit Bronzefigur der römischen Naturgöttin Flora, im Volksmund »Muschelminna« genannt

Gründerzeitviertel mit Straßburg-Passage 24

Ab Mitte des 19. Jahrhunderts, als die Einwohnerzahl von Görlitz in bisher nie erlebtem Maß anstieg, setzte südlich der Frauenkirche bis hin zum Bahnhofsviertel eine umfangreiche Bautätigkeit ein, die nicht nur einen neuen Baustil nach Görlitz brachte, sondern ein Wohn- und Geschäftsviertel entstehen ließ, das sich heute mehr denn je se-hen lassen kann und zum Bummeln und Verweilen einlädt. Die Vielfalt schmückender Details an den stattlichen Wohn- und Geschäftshäusern beeindruckt immer wieder. So lockt die repräsentative Straßburg-Passage Besucher aus nah und fern an, die sich vom Charme dieses Stadtviertels bezaubern lassen.

Straßburg-Passage zwischen Berliner Straße und Jakobstraße

Blick in die Berliner Straße mit Kunstbrunnen »Die Tanzende« (Vinzenz Wanitschke)

Details an den restaurierten Gebäuden in der Emmerich- und Augustastraße

Stadtpark, Stadthalle ㉕
Blick nach Zgorzelec

Östlich des Gründerzeitviertels besitzt Görlitz mit dem **Stadtpark** viele gepflegte Grünanlagen, deren Schöpfer nach Ideen des bekannten Gartengestalters Peter Lenné arbeiteten. Ein stattlicher Baumbestand, darunter eine Vielzahl seltener Gehölze, säumt die Parkwege, die in Flussnähe an der **Stadthalle** münden. Das bekannte Kultur-, Kongress- und Messezentrum wartete über 90 Jahre mit unterschiedlichsten Veranstaltungen auf.

Nahe der Stadthalle verläuft der **Schnittpunkt des 15. Meridians** ㉖ östlicher Länge, der die mitteleuropäische Zeit bestimmt. Ein erdkugelähnlicher Stein erinnert an diese Tatsache. Mit der Neiße haben wir zugleich Stadt- und Landesgrenze erreicht. An der Stadthalle führt eine pausenlos genutzte Brücke, der Grenzübergang Stadtbrücke, ins benachbarte Zgorzelec. Nachdem im Juli 1950 in **Zgorzelec** der Staatsvertrag über die Festlegung der Grenze zwischen Polen und Deutschland abgeschlossen wurde, besteht die Stadt jenseits der Neiße als Kreissitz und Teil des Bezirkes Jelenia Góra. In Zgorzelec leben etwa 30.000 Einwohner.

Die weithin sichtbare Kuppel der Anfang unseres Jahrhunderts erbauten **Oberlausitzer Gedenkhalle**, die zum Gedenken an Kaiser Wilhelm I. und seinen Sohn Friedrich erbaut worden war, weist den Weg zum heutigen vielbesuchten Kulturzentrum mit einem breitgefächerten Angebot.

links:
Stein des
15. Meridians
im Görlitzer
Stadtpark

rechts oben:
Blick zur
Dreiraden-
mühle

rechts unten:
Oberlausitzer
Gedenkhalle
im polnischen
Zgorzelec

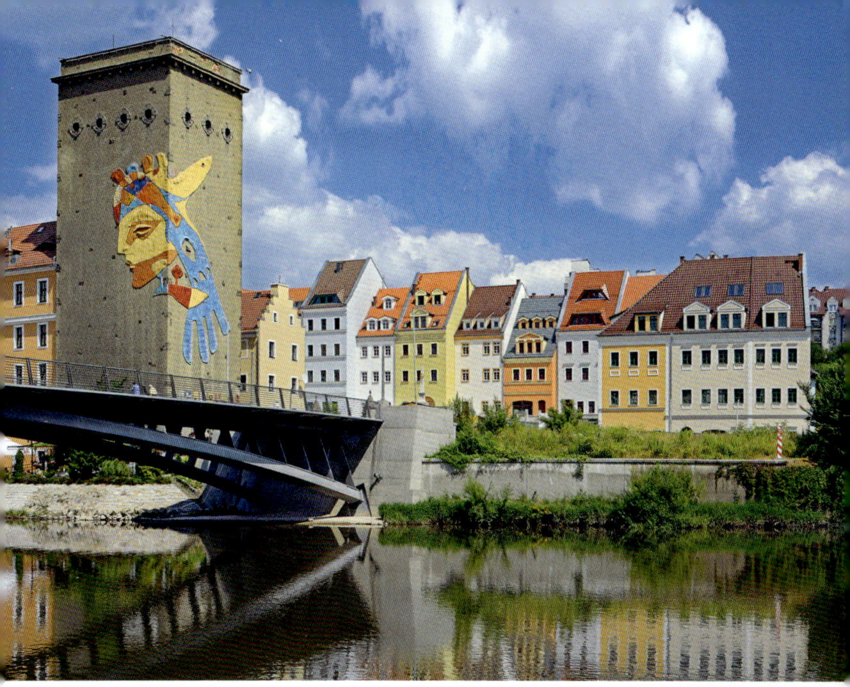

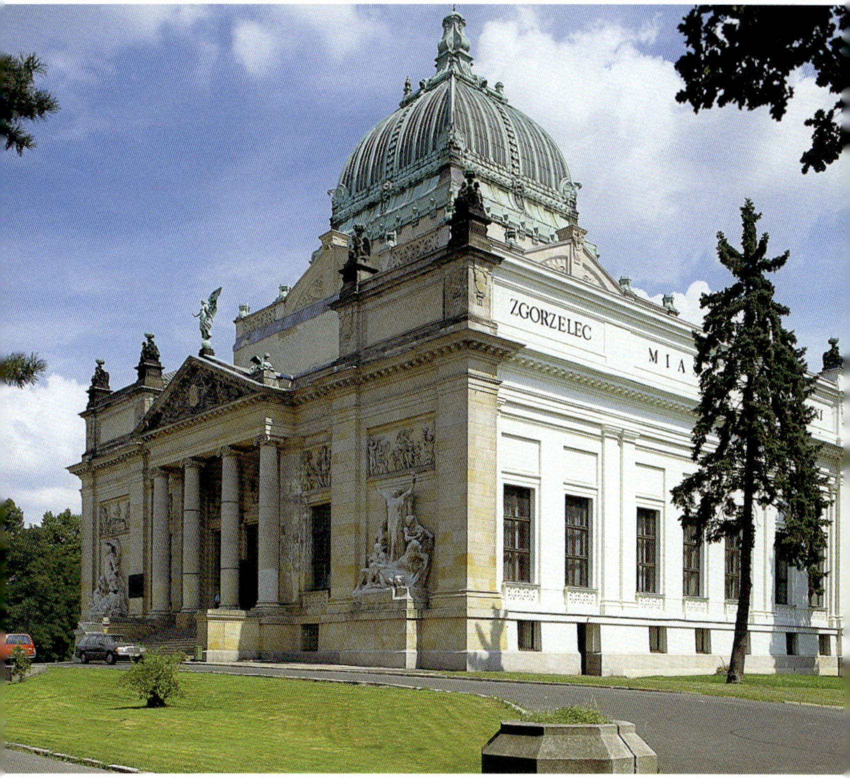
ZGORZELEC

Landskron Brau-Manufaktur ㉗ & Neißeviadukt

Zum Abschluss unseres Stadtrundgangs bietet sich der Besuch der Landskron Brau-Manufaktur an. Entlang der Neiße führt ein Rad- und Fußweg vorbei an der **Obermühle**. Die 1830 erbaute Mühle war eine der größten Getreidemühlen der Stadt. Heute ist sie ein beliebtes Ausflugsziel. Es können Boote für eine Fahrt auf der Neiße geliehen werden.

Weiter in südlicher Richtung kommen wir zum **Neißeviadukt**. Hier können wir steil zum Aussichtspunkt Friedenshöhe aufsteigen, wo uns ein schöner Blick über

Blick von der Obermühle zum Neißeviadukt

Landskron Brau-Manufaktur: Historisches Sudhaus

das imposante Bauwerk und zurück zur Obermühle erwartet. Das 1847 eröffnete und 475 Meter lange Viadukt gehört zu den größten und ältesten Eisenbahnbrücken in Deutschland. In 35 Metern Höhe überspannt es mit 30 Bögen die Neiße. 400 Meter weiter finden wir gegenüber dem Schellergrund die **Landskron-Brauerei**.

Die Brau-Manufaktur ist eines der ältesten noch produzierenden Industriedenkmäler der Republik. 1869 wurden die ersten Gärungskeller auf dem Weinberggelände, einem kahlen felsigen Hang der Lausiter Neiße, errichtet. Die zahlreichen Backsteingebäude aus der Gründerzeit, sowie die 12 Meter tiefen Gewölbekeller der größten Manufaktur dieser Art in Deutschland, dienten schon als Filmkulisse für Hollywoodfilme. Zahlreiche Brauereiführungstouren bieten interessante Einblicke in die Welt der Braukunst.

Im neuen Besucherzentrum, dem ehemaligen Maschinenhaus, können wir uns stärken oder die verschiedenen Biere verkosten.

Besucherzentrum der Landskron Brau-Manufaktur

Landskron Brau-Manufaktur
An der Landskronbrauerei 116, Tel. 03581 465230, www.landskron.de. Besucherzentrum täglich geöffnet 10–18 Uhr inkl. Sonn- und Feiertag.

Sehenswertes Görlitz ...

... erleben und genießen

Ausflugsziele rund um Görlitz

Berzdorfer See

Fahren wir nach Süden auf der B99 in Richtung Zittau, kommen wir nach wenigen Kilometern zum Berzdorfer See. Das 960 ha große und maximal 72 Meter Tiefe künstliche Gewässer ist auch mit dem Fahrrad über den Neiße-Radweg zu erreichen. Gerade im Sommer bietet das glasklare Wasser beste Bade- und Wassersportbedingungen.

Der See ging aus einem ehemaligen Braunkohletagebau hervor, welcher von 2002 bis 2013 geflutet wurde. Heute erinnert noch der riesige Schaufelradbagger in Hagenwerder an die Zeit des Bergbaus, welcher hier 1835 begann und 1997 eingestellt wurde.

Eine wunderbare Möglichkeit, die Schönheit der Natur zu genießen, ist die Umrundung mit dem Fahrrad. Auf dem 16 Kilometer langen bequemen Weg kommt man an zahlreichen Badestellen und Einkehrmöglichkeiten vorbei.

Ein schöner, aber etwas anstrengender Abstecher bringt uns auf eine Anhöhe westlich des Sees. Wer möchte steigt dort die 121 Stufen zum Aussichtsturm Neuberzdorfer Höhe auf, von dem sich ein Rund-

Blick über den Berzdorfer See zur Landeskrone

umblick zur Landeskrone, nach Görlitz und über den See, bis ins Iser- und Riesengebirge bietet.

Um den See bieten Hotels, Pensionen, Zelt- und Wohnmobilplätze ausreichend Unterkunftsmöglichkeiten.

Seit 2008 mit beeindruckendem Panoramablick: der Aussichtsturm Neuberzdorfer Höhe; Gesamthöhe 26 Meter, Aussichtsplattformen in 19 und 21 Meter Höhe

Abendstimmung am Berzdorfer See

Aktuelle Hinweise und Informationen zum Berzdorfer See:
www.goerlitz.de/see.html
Technisches Denkmal und Freilichtmuseum: Bagger 1452
Berzdorfer Str. 102, 02827 Görlitz,
www.verein-bergbaulicher-zeitzeugen.de

Die Landeskrone

Am südwestlichen Stadtrand erhebt sich der imposante kegelförmige Hausberg der Görlitzer, die 420 Meter hohe Landeskrone. Der Basaltkegel vulkanischen Ursprungs, entstanden vor circa 30 Millionen Jahren, trug einen slawischen Rundwall, in dem Bewohner umliegender Siedlungen im Fall von Bedrohung eine Zuflucht fanden. Später wurde auf Resten des alten Walls eine deutsche Burg errichtet. Aus Furcht vor räuberischen Angriffen auf Görlitz kaufte die Stadt 1440 den Berg und ließ die alte Burganlage auf Veranlassung des Lausitzer Sechsstädtebundes schleifen. Verschiedene ausgeschilderte Wanderwege unterschiedlichen Anstiegs, an denen mehrere Informationstafeln auf geologische und botanische Besonderheiten hinweisen, führen hinauf bis zum Berggasthof, der den Wanderer durch gediegene Gastronomie für die Mühen des Aufstiegs entschädigt. Der Blick vom Aussichtsturm ermöglicht eine malerische Sicht auf Görlitz und Erhebungen von Lausitzer Bergland, Königshainer Bergen oder Zittauer Gebirge. Bei guter Fernsicht kann man hinter dem Zittauer Gebirge sogar den Ještěd (Jeschken) in der Nähe des tschechischen Liberec (Reichenberg) erkennen, mit 1012 Metern Höhe höchster Berg des Lausitzer Gebirges. In diesem Fall sind meist auch Erhebungen von Iser- oder Riesengebirge zu sehen. Die Landeskrone gab auch dem bekannten Landskron-Bier ihren Namen.

Die Landeskrone bei Görlitz

Schlesisch-Ober-lausitzer Dorfmu-seum Markers-dorf, Blick in den Vierseitenhof

Markersdorf
ca. 6 km westlich

Vor den Toren des altehrwürdigen Görlitz, direkt an der B6, liegt mit Markersdorf ein Ort, dessen Besuch Freunde dörflicher Baukunst nicht versäumen sollten. Im hiesigen Freilichtmuseum werden Lebens- und Arbeitsweise der ländlichen Bevölkerung in unmittelbarer Nähe der ehemals sächsisch-preußischen Grenze, wie sie vor einhundert Jahren üblich waren, mit einem typischen Vierseithof anschaulich dargestellt. Die 250 Jahre alten Bauten mit Wohnhaus, Scheune, Stall und Brunnenhaus wurden originalgetreu und so wirklichkeitsnah eingerichtet, dass sich der Besucher in frühere Zeiten versetzt fühlt.

rechts oben: Knechtkammer
rechts unten: Wohnküche

Schlesisch-Oberlausitzer Dorfmuseum
Kirchstraße 2, 02829 Markersdorf, Tel. 03582960329,
www.museum-oberlausitz.de.
Öffnungszeiten: März bis Oktober Mi–Fr 10–16 Uhr,
Sa/So/Feiertag 13–17 Uhr, sowie nach Vereinbarung.

Küchenflügel am Schloss Königshain

Königshainer Berge
Landschaftsschutzgebiet
nordwestlich von Görlitz,
über B 115 bzw. B 6, ca. 10–15 km

Nahe der Stadt, auch mit dem Fahrrad gut zu erreichen, befindet sich zwischen Königshain und Niederseifersdorf das einzigartige Landschaftsschutzgebiet der Königshainer Berge und des Schöpstals. Mit üppigem Grün bewaldete Hänge, einige um 400 Meter hoch, bieten Erholungssuchenden und vor allem Naturfreunden auf zahlreichen Wanderwegen Entspannung und Beobachtung zahlreicher seltener Arten der Tier- und Pflanzenwelt. Dieses Gebiet, in dem u. a. noch Fischotter anzutreffen sind, verdient besonderen Schutz.

Aus diesem Grund wird die A4 durch einen der längsten deutschen Autobahntunnel (3.300 Meter) unter diesem Gebiet hindurch geführt. An den seit dem 16. Jahrhundert bis 1975 betriebenen Abbau des begehrten Lausitzer Granits erinnert ein Steinbruchlehrpfad, der geologisch Interessierte durch das einstige Abbaugebiet führt. Vom langgestreckten Ort Königshain, dessen Name an den Waldbesitz des böhmischen Königs erinnert, lassen sich Berge wie der Hochstein (406 Meter) auf markierten Wanderwegen erreichen. Bei klarer Sicht empfiehlt es sich, den Aussichtsturm zu erklimmen, von dem man eine herrliche Sicht übers Land genießen kann. Landeskrone und Görlitz sind gut zu erkennen; mitunter reicht der Blick weiter, bis zu Iser- und Riesengebirge.

rechts:
Idyllisch
gelegenes
Umgebinde-
Fachwerkhaus
in Königshain

unten:
Am stillgeleg-
ten Steinbruch
in den Königs-
hainer Bergen

Jauernick
ältester Ort in der östlichen
Oberlausitz

Aufgang zum
Portal der Kirche

Am südlichen Ortsausgang von
Görlitz zweigt rechts die Straße
nach Kunnerwitz und Jauernick-
Buschbach ab.
Nur wenige hundert Meter hinter
Kunnerwitz nach links abbiegend,
erreicht man den malerisch am
Fuße des Kreuzberges gelegenen

Ort Jauernick-Buschbach. Am
Kreuzberg bestand einst ein sla-
wischer Burgwall, ausgegrabene
Funde berichten von jener Zeit
und werden in den Sammlungen
der Görlitzer Museen aufbewahrt.
Schon von Weitem grüßt der
schlanke Dachreiter der katholi-

schen Pfarrkirche St. Wenzeslaus. Die Kirche des kleinen Dorfes mit langer Geschichte verdankt ihre erste Erwähnung einer Urkunde aus dem Jahr 1242, als das nahe gelegene Kloster Marienthal Dorf und Kirche erwarb. In früherer Zeit hatte bereits eine Kapelle bestanden, die als älteste Kirchen-gründung der Oberlausitz gilt. Eine massive Wehrmauer umgibt den Sakralbau und erinnert an Zeiten, da die Bewohner des Ortes Schutz im Kirchhof suchten. Der älteste Teil der Mauer, erkennbar an Wehrgang und Zinnen, stammt aus der Zeit der Hussitenkriege im ersten Drittel des 15. Jahrhunderts.

oben:
Pfarrkirche
St. Wenzeslaus

unten:
Bauernhof
in Jauernick

Ostritz, Zisterzienserinnenabtei St. Marienthal

südlich über B 99, ca. 20 km

Im nahezu eintausend Jahre alten Städtchen Ostritz besteht unmittelbar am Tal der Neiße seit 1234 das Kloster St. Marienthal. Es gilt als das älteste Zisterzienserinnenkloster in Deutschland. Der Name St. Marienthal wird von jener Legende abgeleitet, nach der hier, am Ufer der Neiße, das Marienbild erschienen sein soll. Die ursprüngliche Klosteranlage wurde nach 1683 in barockem Stil, böhmisch beeinflusst, wieder aufgebaut bzw. umgestaltet. Klosterkirche, Konventsgebäude und Michaeliskapelle wurden Mitte bis Ende des 18. Jahrhunderts fertiggestellt und weisen noch heute eine reiche Ausstattung aus dieser Zeit auf.

*Wappenkartusche –
Maria als Himmelskönigin*

Unter der Michaeliskapelle mit beeindruckenden Wandmalereien befindet sich eine Gruft, in der Henriette Sontag beigesetzt wurde. Die im 19. Jahrhundert recht bekannte Sängerin wurde durch den Dichter und Landschaftsgestalter Hermann Fürst von Pückler-Muskau sehr verehrt.

In seiner langen Geschichte konnte das Kloster allen Bedrängnissen widerstehen und richtete in jüngster Zeit ein internationales Begegnungszentrum ein, das jährlich mehrere Tausend Gäste besuchen. Unter der Regie des Klosters werden Seminare zu theologischen Themen und weitere Kurse angeboten. Im Klosterladen kann man hier hergestellte Erzeugnisse erwerben.

oben:
Blick vom
Weinberg
auf die
Kloster-
anlage

unten:
Kreuzka-
pelle mit
Begräbnis-
stätte der
Sängerin
Henriette
Sontag

Tipps und Adressen von A bis Z

Polizei-Notruf:
Tel. 110

Notruf Feuerwehr / Rettungsdienst
Tel. 112

Vorwahl für Görlitz
Tel. 03581

Postleitzahl Görlitz
02826

ADAC-Abschleppdienst
Tel. 0180 2222222
ADAC, Wilhelmsplatz 8, Tel. 0180 5101112

Auskunft
Europastadt Görlitz-Zgorzelec GmbH
Görlitz-Information, Obermarkt 32
Tel. 03581 47570

Informationsdienst, Service und Verkauf,
Vollservice bei der Gestaltung und Organisation von Aufenthaltsprogrammen, Vermittlung von Stadtführern und Reiseleitern, Zimmervermittlung

Betreuung von Tagungen und Kongressen einschließlich Rahmenprogrammen, Kartenvorverkauf für Veranstaltungen, ganzjährig:

Öffnungszeiten:
Mo–Fr 9–18 Uhr
Sa 9–17 Uhr
So/Feiertage 9–14:30 Uhr
Saisonale Anpassungen möglich.
www.goerlitz.de

Bahnhof
Bahnhofstraße 76, www.bahnhof.de/goerlitz

Bibliotheken
Oberlausitzische Bibliothek der Wissenschaften
Richard-Jecht-Haus, Handwerk 2, Tel. 03581
671350, www.goerlitzer-sammlungen.de

Stadtbibliothek Görlitz / Hauptbibliothek
Jochmannstraße 2/3, Tel. 03581 7672730,
www.stadtbibliothek.goerlitz.de

Europa-Bibliothek
Straßburg-Passage, Tel. 03581 76460

Bürgerbüro
Stadtmitte: im Rathaus, Untermarkt 6–8
Tel. 03581 671235

Camping & Wohnmobil
Campingplatz Berzdorfer See
An d. Blauen Lagune 5, 02899 Schönau-
Berzdorf auf dem Eigen, Tel. 0173 6582966
www.camping-berzdorfer-see.de

Camping am Kühlhaus
Am Bahnhof Weinhübel 2, Tel. 03581 429926
kuehlhaus-goerlitz.de

Camping am Rosenhof
Geschwister-Scholl-Str.15, Tel. 03581 74820
rosenhof-goerlitz.eu

Flugplätze
Verkehrslandeplatz Görlitz
Girbigsdorfer Straße 85
(für Flugzeuge bis 5,7 t und Hubschrauber)
Tel. 03581 300540

Verkehrslandeplatz Rothenburg / Görlitz
ca. 30 km nördlich (für Flugzeuge bis zu einem Start- und Landegewicht von 14 t)
Tel. 035891 470
www.flugplatz-rothenburg-goerlitz.de

Fundbüro in der Jägerkaserne
Hugo-Keller-Str. 14
Tel. 3581 671836

Jugendherberge
Peterstraße 15 (178 Betten),Tel. 03581 6490700

Kino
Palast Theater Görlitz
Jakobstraße 16, Tel. 03581 405288
goerlitz.filmpalast.de

Programmkino & Kneipe Camillo
Handwerk 13, Tel. 03581 661920
www.camillo-goerlitz.de

HEINE Kinobar
Nonnenstraße 18/19, Tel. 03581 667110
www.heine-kinobar.de

Museen
Siehe bitte auch »Städtische Sammlungen für Geschichte und Kultur«

Senckenberg Museum für Naturkunde Görlitz
Landesmuseum des Freistaates Sachsen
Am Museum 1
Tel. 03581 47605220
www.senckenberg.de

Schlesisches Museum zu Görlitz
Schönhof, Brüderstraße 8
Tel. 03581 87910
www.schlesisches-museum.de

Museum der Fotografie
Löbauer Str. 7, Tel. 03581 878761
www.fotomuseum-goerlitz.de

Oberlausitzer Gedenkhalle
Dom Kultury Zgorzelec
Ulica Parkowa 1, 59-900 Zgorzelec
Tel. 0048 7577 52415

Öffentliche Verkehrsmittel
Nahverkehr und Zgorzelec / Polen
Görlitzer Verkehrsbetriebe GmbH
GVB Kundencenter, Demianiplatz 23/24
Tel. 03581 339595
www.goerlitztakt.de

Regionalverkehr
Zweckverband Verkehrsverbund Oberlausitz
Niederschlesien (ZVON)
Tel. 03591326969, www.zvon.de

Parkeisenbahn
Görlitzer Oldtimer Parkeisenbahn e.V.
An der Landskronbrauerei 118
Tel. 03581 407090
www.goerlitzerparkeisenbahn.de

Parken
Besucher von Görlitz können auf den
Parkplätzen Obermarkt, Hugo-Keller-Str. / Jä-
gerkaserne, Klosterplatz, Elisabethstraße und
Jacob-Böhme-Straße sowie in den Parkhäusern
Bahnhofstraße und Citycenter Görlitz parken.

Für Reisebusse bestehen Parkmöglichkeiten in
der Christoph-Lüders Straße.

Partnerstädte
Amiens (Frankreich), *Zgorzelec* (Polen),
Molfetta (Italien), *Novy Jiçcin* (Tschechische
Republik), *Wiesbaden* (Deutschland)

Polizei
Polizeirevier Görlitz, Gobbinstraße 5/6
Tel. 03581 65 00

Post
Postplatz 1
Mo–Fr 8–18.30 Uhr
Sa 9–12 Uhr

Rundfahrten
über Görlitz-Information
Europastadt Görlitz-Zgorzelec GmbH
Tel. 03581 47570

Spielplätze
*u.a. Schützenweg im Stadtpark, Brautwiesenbo-
gen, August-Bebel-Platz und Uferstraße*
www.goerlitz.de/Spielplaetze

Sport- und Freizeitanlagen
Baden
NEISSE-BAD-Görlitz
Pomologische Gartenstraße 20
Tel. 03581 406687
www.neisse-bad-goerlitz.de

Badesee: Berzdorfer See

Reiten
Reitverein Landskron Görlitz e.V.
Zittauer Straße 166, Tel. 03581 83004;
Reit- und Fahrverein Rosenhof Görlitz,
Geschwister-Scholl-Straße 15, Tel. 03581 74820

Tennis, Squash, Fitness, Kegeln, Bowling
Rosenhof Görlitz, Geschwister-Scholl-Straße 15,
Tel. 03581 74820, www.rosenhof-goerlitz.de;
Tennisanlage, Frauenburgstraße 34 a,
Tel. 03581 401407, www.tennis-goerlitz.de

Stadtführungen
über Görlitz-Information
Europastadt Görlitz-Zgorzelec GmbH
März–Oktober: täglich 10.30 Uhr, 12 Uhr,
            14 Uhr und 17 Uhr
November–Februar täglich 10.30 Uhr u. 14 Uhr,
sowie nach Vereinbarung

Stadtverwaltung
Untermarkt 6–8
Tel. 03581 670

Städtische Sammlungen
für Geschichte und Kultur
Kulturhistorisches Museum
Tel. 03581 671355
 www.goerlitzer-sammlungen.de

Kaisertrutz
Platz des 17. Juni, Überblick zur Stadtgeschichte, Galerie der Moderne

Reichenbacher Turm
Platz des 17. Juni, auf sieben Geschossen
Informationen über mittelalterliche Stadtver-
teidigungsanlagen

Barockhaus, Neißstraße 30
Bürgerliche Kultur des Barocks, Wissenschaft
und Kunst um 1800, u. a. Physikalisches Kabi-
nett, Austellung: Johannes Wüsten

Oberlausitzische Bibliothek der Wissenschaften
Handwerk 2

Ratsarchiv, Rathaus
Untermarkt 6–8, Tel. 03581 671615
Urkunden ab 11. Jahrhundert, Stadtchroniken,
Stadtbücher, Leseraum, Benutzung und
Führung nach Voranmeldung

Sternwarte und Planetarium
Scultetus-Sternwarte Görlitz
An der Sternwarte 1
Tel. 03581 78222
www.goerlitzer-sternfreunde.de

Taxi
Taxi-Innung Görlitz e.V.
Bahnhofstraße 74 (Parkhaus)
Tel. 03581 400800

Taxi für Behinderte
Taxi-Knobloch, Tel. 03581 704405

Theater
Gerhart-Hauptmann-Theater
Görlitz-Zittau GmbH
Demianiplatz 2, Tel. 03581 47470
Theaterkasse, Tel. 03581 474747
www.g-h-t.de

Tierpark
Naturschutz-Tierpark Görlitz
Zittauer Straße 43
Tel. 03581 6693000
www.tierpark-goerlitz.de

Veranstaltungen
Auskünfte und Buchungen über Europastadt
Görlitz-Zgorzelec GmbH, Tel. 03581 47570
www.goerlitz.de/Veranstaltungskalender

Wochenmarkt
Elisabethplatz
Mo–Fr 8–17 Uhr
Sa 8–13 Uhr
goerlitz.treffpunkt-wochenmarkt.de

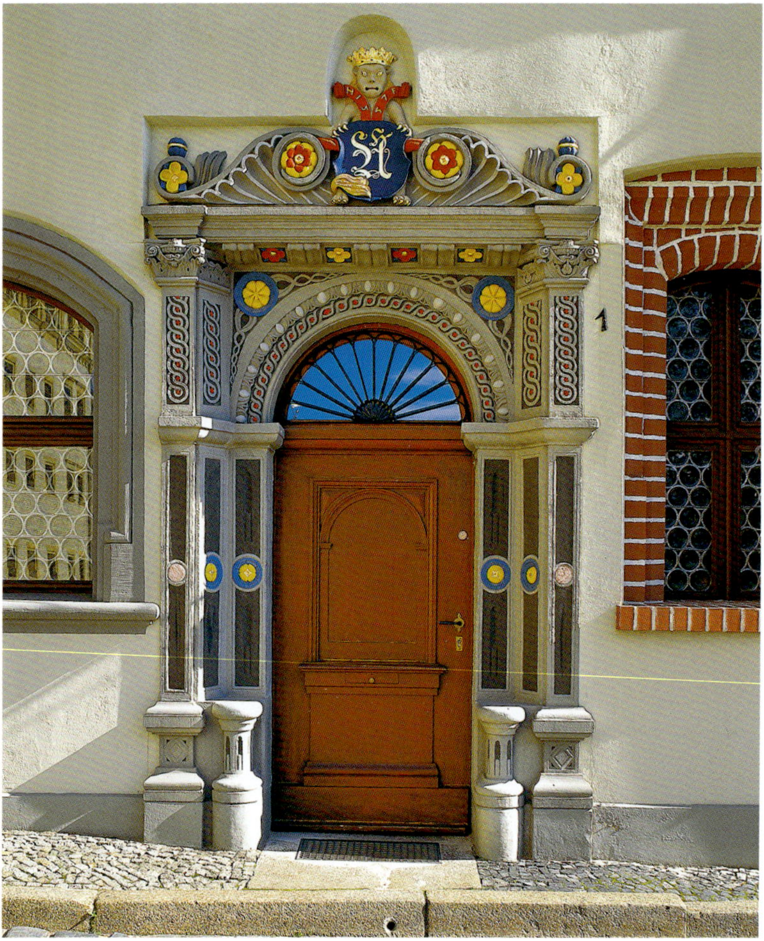

Prächtiges Portal in der Langenstraße 1
S. 94/95: Schlesischer Christkindelmarkt

IMPRESSUM

© B&V Verlag
Am Pfarrlehn 1 · 01109 Dresden
Telefon: 0351 8805273
www.buv-verlag.de

Text: Renate Peter, Bautzen
Fotos: Dietmar & Torsten Berthold, S. 26 Schlesisches Museum, S. 69 Philipp Herfort, S. 76, 77 mit freundlicher Genehmigung der Landskron Brau-Manufaktur
Stadtplan und Umgebungskarte: Sachsen Kartographie

Gedruckt auf Papier aus zertifizierter Forstwirtschaft.

ISBN 978-3-938220-30-6

B&V
VERLAG GMBH